Lern mit mir!

DEUTSCH
1. Klasse

Eva Odersky
Heike Wiechmann

1 Lausch genau!

Ravensburger

Kritzel
Leon
Luisa

Inhalt

Bei uns zu Hause

Bei uns im Garten

Auf dem Abenteuergelände

Auf dem Dachboden

Auf dem Spielplatz

Bei uns zu Hause

Anlaute

- Anlaute hören
- Lauttreue Wörter lesen
- Genaues Zuhören

Hier wohnen die Zwillinge Luisa und Leon mit ihren Eltern. Heute sind Oma und Opa zu Besuch.

Mama
Ente
Papa
Elefant
Lok
Opa
Luisa
Leon
Insel
elf
Rosen
Oma
Sofa

1 Lausch genau!

2 Wörter lesen

3 Kritzels Quatschwörter

Anlaute und Auslaute

Kritzel will Leon und Luisa bei den Hausaufgaben helfen. Voller Eifer beginnt das Monster das Blatt zu zerschneiden.

- Anlaute und Auslaute hören
- Bilder zuordnen
- Genaues Zuhören

1 Lausch genau!

2 Monster-Schnipselei

3 Wörter-Domino

1 Reimen

- Reimwörter bilden
- Genaues Zuhören
- Reimwörter zuordnen

Hilfe, alles fällt raus! Kritzel ist mal wieder in Luisas Schulranzen geklettert – und dieses Mal ist er umgekippt. Ob das sehr schlimm ist?

2 Monster-Reime

Eis

See

Pfütze

Haus

Bank

Tisch

Schal

Nuss

Sonne

Schnecke

Kuh

Schuh

Ball

Laute im Wort

Luisa hat in der Schule viele Sticker getauscht.
Stolz blättert sie durch ihr Stickeralbum.

1 Laute im Wort

Lautkette

· Laute im Wort
· Anlaute, Inlaute, Auslaute
· Wörter in Buchstaben zerlegen

„Kritzel, wusstest du, dass jedes Wort aus einzelnen Lauten besteht?“, fragt Leon das kleine Monster. Kritzel ist ganz überrascht.

2 Buchstabenkette

Bei uns im Garten

Silben-Lesen

- Wörter lesen und zuordnen
- Anlaute hören
- Wortschatzerweiterung

Leon und Luisa bauen im Garten einen Zoo auf. Aber wo rennt Kritzel denn hin? Hat er etwa Angst vor dem Bären?

Delfin Elefant Tiger

Affe Löwe Wolf

Bär Giraffe Zebra

Ente Hase Seehund

Kamel

1 Lausch genau!

2 Tiere finden

3 Wörter lesen

Morgen reisen Oma und Opa wieder ab. Leon hat zum Abschied ein Bild gemalt.

1 Schreiben

2 Silben zählen

Große und kleine Buchstaben

- Erstes Schreiben
- Silbenanzahl bestimmen
- Groß- und Kleinbuchstaben

„Was ist das denn?“, wundert sich Kritzel. „Braune glänzende Kekse, die wie Buchstaben aussehen? Kann man die essen?“

3 Buchstabenkekse

4 Groß und klein

Wörter und Silben

Leon und Luisa spielen Karten.
„Wie passen die denn zusammen?“,
fragt sich Kritzel.

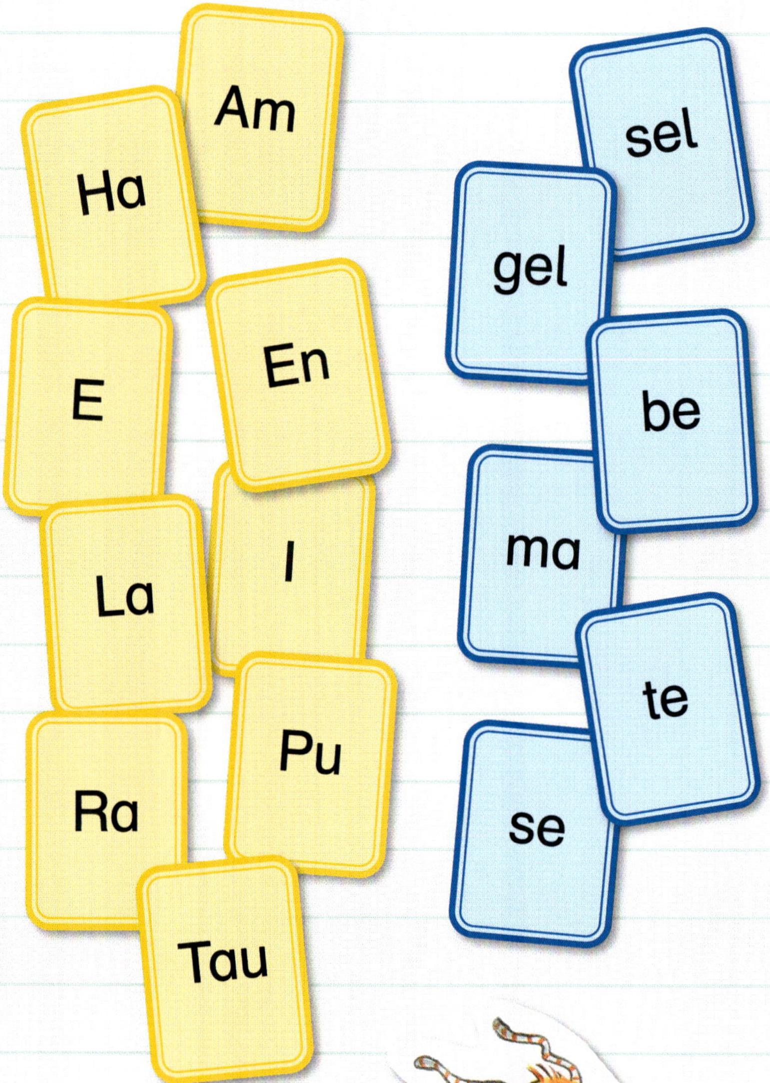

1 Karten spielen

· Silben ergänzen
· Artikel zuordnen
· Nomen erkennen

An den Gehegen fehlen noch die Namen der Tiere. Mama hat Leon und Luisa geholfen, die Steine zu beschriften.

2 Steinchen sammeln

3 Nomen erkennen

Auf dem Abenteuergelände

Lesen und verstehen

- Anlaute finden
- Wörter mit Umlauten lesen
- Hören und lesen

Leons Freund David feiert seinen Geburtstag auf dem Abenteuergelände. Luisa ist auch eingeladen.

Säge Tüte Löwe

Schüssel Löffel Schlüssel

Nägel

Gänseblümchen

Tür

Bär

Äpfel

Käfer

1. Lausch genau!
2. Wörter lesen
3. Hier spricht Kritzel!

1 Löcher stopfen

- Diphthonge erkennen
- Buchstaben ergänzen
- Genau zuhören

Ganz hinten am Abenteuergelände steht ein Bretterzaun. „Riecht ihr das auch?“, fragt Leon. „Da brennt doch was!“

2 Was fehlt denn hier?

„Was ist das denn?", kichert Kritzel. „Buchstaben mit Pünktchen. War hier eine Fliege unterwegs?"

1 Pünktchen suchen

2 Umlaute hören

Einzahl - Mehrzahl

- Umlaute suchen
- Umlaute hören
- Mehrzahl bilden

3 Die Mehrzahlmaschine

Auf dem Dachboden

Heute Morgen sind Leon und Luisa zu ihren Großeltern gefahren.

Lesen und verstehen

- Schwierige Anlaute hören
- Schwierige Wörter lesen
- Hören und zuordnen

Puppe Schlüssel Teddybär
Schaukelstuhl
Gitarre
Schubkarre
Teller Sessel
Spinne
Gummistiefel Sonnenhut
Mausefalle Perlenkette
Gießkanne
Löffel Koffer

1 Lausch genau!

2 Wörter lesen

3 Hier spricht Kritzel!

Verdoppelte Buchstaben

Kritzel hat in einer Ecke des Dachbodens einen großen, alten Spiegel entdeckt.

- Verdoppelte Buchstaben
- Silbenanzahl bestimmen
- Adjektive erkennen und Rätsel lösen

1 Doppelt gemoppelt

2 Silben zählen

3 Monster-Rätsel

Bilderrätsel

Die Kinder haben einen Koffer mit alten Kleidungsstücken entdeckt. Jetzt verkleiden sie Kritzel.

Genau beschreiben

- Adjektive
- Sinnerfassendes Lesen
- Kombinieren

1 Monster gesucht!

1. Ich trage einen Sonnenhut.
2. Mein Schal ist schön warm und sehr lang.
3. Ich habe einen Sonnenschirm dabei.
4. Meine Handschuhe sind viel zu groß!
5. Die Perlenkette ist von Oma.
6. Mein Mantel ist kariert.
7. Ich habe eine Brille aufgesetzt.
8. Hast du schon meine schönen Schuhe gesehen?
9. Ich trage ein Kleid.

2 Welche Farbe?

rot

rosa

blau

grün

türkis

lila

gelb

grau

schwarz

Auf dem Spielplatz

- Sch, Sp und St im Anlaut
- Nicht lauttreue Wörter
- Lesen und zuordnen

Leon und Luisa sind heute zum Wasserspielplatz gegangen. Kritzel ist natürlich mit dabei.

Kletterstange Spuren Schaufel

Strickleiter

Spatzen

Büsche

Star

Stelzen

Steine

Spaten

1 Lausch genau!

2 Wörter lesen

3 Hier spricht Kritzel!

Kritzel auf dem Spielplatz

Einmal wollte Kritzel
mit zum Spielplatz.
Leon und Luisa waren einverstanden.
Sie wussten nicht,
wie ängstlich ein Monster ist.
Am Spielplatz huschte es sofort in die Büsche.

1 Richtig oder falsch?

Doch was war das?
Im Busch war es ja gar nicht allein!
Zuerst hörte es lautes Piepsen –
dann ein Flattern,
ein Schatten verdeckte die Sonne.
Direkt über ihm war eine Amsel in ihrem Nest gelandet
und fütterte ihre Jungen.
Danach endlich: Ruhe.
Aber nur ganz kurz.
Was war das für ein Rascheln direkt neben ihm?
Noch ein Vogel? Oder eine Maus? Ein Kaninchen? Ein Igel?
Das wäre am schlimmsten – wegen der Stacheln.

2 Lese-Detektiv

- Sinnerfassendes Lesen
- Textverständnis
- Fragen zum Text beantworten

Da sah Kritzel:
Eine Maus huschte direkt neben ihm in ihr Loch.
Bevor Kritzel Angst haben konnte,
dass sie wieder rauskommt,
sprang ein riesiges Tier in den Busch!
Kritzel duckte sich noch mehr ins Laub,
doch das Tier bemerkte Kritzel nicht,
sondern scharrte aufgeregt am Mauseloch.
Klar, das musste eine Katze sein!

3 Richtig oder falsch?  

Langsam traute sich Kritzel das Tier genauer anzusehen.
Es hatte vier dicke Tatzen.
Es schnupperte überall im Busch herum.
Es hatte zwei lange weiche Schlappohren.
Es hatte eine schwarze, feuchte Nase.
Es hatte schwarze Augen.
Es war ganz braun.
Es hatte einen Schwanz, mit dem es wedelte.
Sein Fell war lang und seidig.

4 Lese-Detektiv

Verben

Kritzel hat sich von dem Schreck erholt und am Spielplatz viele Dinge entdeckt, die ihm großen Spaß machen.

hüpfen

werfen

graben

essen

schlafen

1 Kritzel in Aktion

- Wörter lesen
- Verben zuordnen
- Grundform von Verben bilden

fangen

klettern

rutschen

rennen

2 Grundform

1 Kletterspaß

- Verben flektieren
- Grammatikalisch richtige Sätze bilden
- Sinnentnehmend lesen

Kritzel denkt nach: „Am schönsten war es auf dem Dachboden. Und im Schulranzen und …“

2 Richtig oder falsch?

	🙂	☹️
Kritzel verkleidet sich gerne.		
Kritzel hilft Leon und Luisa manchmal beim Lernen.		
Kritzel mag Hunde und Katzen.		
Kritzel erfindet gerne Wörter.		
Kritzel mag lustige Wörter.		
Kritzel lacht sehr gern.		
Kritzel war nie in Leons Zimmer.		
Kritzel war noch nie auf dem Spielplatz.		
Kritzel macht nie Quatsch.		
Kritzel ist wasserscheu.		
Kritzel liebt alle Tiere.		
Kritzel ist nicht ängstlich.		

Wörter schreiben

„Hilfe!!!" Kritzel springt erschrocken zurück. Er hat in Leons Zimmer eine Box entdeckt. Und was passiert, als er sie neugierig öffnet?

1 Wörter schreiben

2 Buchstaben-Detektiv